우주의 벌레 구멍

강서일 시집

시인의 말

『고양이 액체설』 이후 5년만이다.
물론 내 몸과 마음의 생태계도
예전 그대로일 수는 없다.
살펴보니, 시편마다 그때의 시간과 공간
함께 머물렀던 공기까지 그대로 묻어 있다.
지금의 생각이나 감각과는 조금 다를 수 있겠지만
그때 그 순간의 느낌을 존중하기로 한다.
오늘도 하늘은 높고
여름 나무들은 에너지가 넘쳐난다.
이제 연꽃들도 곧 소식을 전할 것이다.
고원이 아닌
흐릿한 못에서 피어나는 연꽃의 치열함을,
그 아름다운 고요를 생각해 본다.

모두, 고맙다.

2025년 6월
강서일

차 례

● 시인의 말

제1부 에스프레소 한 잔

에베레스트 ──── 10
구름은 흩어지고 ──── 11
사막의 코뿔소 ──── 12
발톱 ──── 14
액체 근대 ──── 16
세실을 아시나요 ──── 18
벤치 워머 ──── 20
어미 치타 ──── 22
비행기 소리 ──── 23
탄식의 다리 ──── 24
바다분수 ──── 26
붕어는 꽃으로 ──── 28
불을 낳는 물 ──── 30
마음의 역사 ──── 32
마네킹의 일기 ──── 34

제2부 지중해 푸른 눈동자

추억도 꽃이다 ——— 36
이진법 ——— 38
봄을 보는 눈사람 ——— 40
어느 백제 여인의 편지 ——— 42
집, 바다 ——— 44
바다는 말한다 ——— 46
동지 ——— 48
고양이를 찾습니다 ——— 49
인공지능 ——— 50
몰락이 아니다 ——— 52
분홍 치욕 ——— 54
가짜가 가짜에게 ——— 55
고양이의 감정 ——— 56
울산바위 ——— 58
카페 은유법 ——— 60
느릅나무의 시 ——— 62

제3부 지붕 위로 올라간 현자

어항 ——— 64
얼음 오리 ——— 65
꽃 선생 ——— 66
바다는 두렵지 않다 ——— 68
이사 ——— 69
노자의 소 ——— 70
구름 생각 ——— 71
슬픈 벽화 ——— 72
K의 여행 ——— 74
마트료시카 ——— 76
바다를 보는 염소 ——— 78
날치의 비상 ——— 80
외양간 고치기 ——— 81
시간 사용법 ——— 82

제4부 숭어는 맨드라미를 모른다

천장 ——— 84
튤립과 알프스의 기억 ——— 86
흑해를 오역하다 ——— 87
베네치아의 휘파람 ——— 88
新 공룡의 시대 ——— 90
손바닥의 꽃 ——— 91
보이지 않는 ——— 92
폐허 근처 ——— 93
낙원사철탕 ——— 94
뜨끈한 의자 ——— 96
연애 사건의 전말 ——— 98
책의 비밀 ——— 100
영혼의 산파 ——— 101
커피 한 잔 ——— 102
영겁회귀 ——— 103

▨ 강서일의 시세계 | 김효숙 ——— 104

제1부
에스프레소 한 잔

에베레스트

팔천팔백사십팔 미터
거기에 무엇이 있어
사람들은 그 길 위를 올라갈까
설명할 수 있다면 길이 아니겠지.
천년 빙벽에는 사람들이 먹다 버린
빈 깡통과 플라스틱 조각이 어지럽고
조난자의 옷자락은 얼음에 박혀 펄럭인다.
살아서 그것을 보는 사람들은
재즈와 네온이 산란하는 도시의 뒷골목
그해 칠월의 맨발이 그립기도 하겠다.
이유 없는 설산의 흰 불빛을 따라
히말라야보다 더 높고 깊은
지도에는 없는 마음의 산맥을 따라
팔천팔백사십팔 미터 그 정상에는
인간에게 필요한 것은 아무것도 없어
육체를 가진 인간은 비로소
자신의 히말라야를 들여다본다.

구름은 흩어지고

어항의 관상어 한 마리
고요히 가라앉고

나는 카페에 앉아
살았다 죽었다 하는 구름들을
한 잔의 커피에 담고 있다

그 사이에도
먼 나라 포탄들은
카놀라 들판을 못 본 체하고

파도는 아이들의 모래성을 덮어버린다

그럼에도 꽃들은
과거를 안고 미래로 피어나니

칠월의 하운은 지금
또 다른 그림을 그리고 있다

사막의 코뿔소

사막은 사막이나
막상 사막 근처에서

해 뜨고
해 지고

모래바람 맞으며
몇 년을 살아보니

내 머릿속 사막은 아니다.

사막이라
묵은 생각 엎어지고

사막이라
처음 보는 새도 날아드니

세상에

이름만 같은 것이

저 모래알만큼 많다.

발톱

등이 쩍 갈라진
저 매미 허물의 발톱.

치열했던 삶의 파동들이
아직 거푸집으로 남아 있다.

세상의 단독처럼
나무 그늘에 붙어 SOS를 날리더니

백로가 지난 지금
목소리조차 흩어져 버렸다.

다만 한 생의 찰나를
자신의 그 탈피 순간을

무슨 전위예술처럼
인생의 전리품처럼

허공중에 고스란히 걸어놓고
사라져 버린

한 날것의 생명체.

액체 근대*

잉여의 손
잉여의 불빛,
볼 것이 너무 많아 한 편도
보지 못하고 밤을 넘긴다.

잡을 인형이 너무 많아
울음을 터뜨리는 아이처럼
수많은 선택지와
수없이 구멍 난 파지가 쌓여가는
나날들이라니

그러나 놀라지 마시라.
지금은 천년 빙하가 녹아내리고
명사는 동사 되어 흘러가고
벽에 걸린 거울은 산산조각
파편이 되는 시간

늙는다는 것은 과연

살아남는다는 것인가
('신세계가 불가능해지는 지점은 희망을 멈출 때뿐')

그러니 놀라지 마시라.
미라는 미라일 뿐
시간의 밀원지 따라 돌다리도 흘러가고
무너질 것은 결국
무너지고 마는 것이니,

우리의 지붕을 덮치는 액체 시대여!

* 폴란드의 사회학자 지그문트 바우만의 말.

세실을 아시나요

맹수 사냥이 취미인 한 인간이
몰래 뿌려놓은 코끼리 피,
그 썩은 피 냄새를 쫓아
보호구역 선을 넘어버린
짐바브웨의 국민 사자 세실.
백인 치과의사인 사냥꾼은
어금니까지 활짝 드러낸 채
그의 주검 앞에 승리의 사인을 남긴다.

저런 비슷한 흑백사진을
언젠가 책으로 본 적이 있다.
섬나라에는 없는 호랑이 사냥,
수학여행 단체 사진을 찍듯
총의 제복들은 근엄하게 서 있고
백두산 호랑이는 벼 가마니 위에
두 눈을 감은 적요를 깔고
지친 고요 속에 누워 있었다.

그 후,
세실의 아들 사자 '산다' 역시
트로피 사냥의 제물이 되었다.
그의 나이 꼭 여섯 살 때였다.

벤치 워머

금을 몽땅 캐버린 폐광.
시간을 거의 다 써버린 타이머.

중력의 힘을 버텨온 할머니들이
오월의 벤치에서 한 시절을 기록한다.
과거는 곧 미래라
60년 저편의 기억들이 여태
푸른 가지를 흔들어 대다니,
주름주머니에 축적된 청춘의 지층은
측량할 수 없어라.

시한폭탄은 째깍째깍
봄 심지는 타들어 가고
그라운드를 떠난 소녀들 자리에는
가시 없는 붉은 장미만 가득하다.
새봄이 진정 무엇인지 아는 저들은
한때 승리의 V자를 그렸을 것이다.

춘광은 폭포수처럼
오월의 벤치에 쌓여가고
제2 라운드를 위해 몸을 푸는
백발의 저 자유계약 선수들.

어미 치타

어미 치타 한 마리
사바나 초원을 쏘아보며 걷는다.
구름 말고는 아무것도 없다.

열대의 땅을
걷고 또 걷다가,
앙상한 앞발로
마른 흙이라도 한번 긁어본다.

아직, 빈손이다.

젊었을 적
우리 엄마에게도
어린 5남매가 있었으니,

비행기 소리

텔레비전을 보다가
비행기 소리에 창가로 나갔다.

저 멀리
소리는 들리는데

벌써 구름 속으로 숨었는지
다른 방향으로 비행 중인지

반짝이는 날개는 보이지 않는다.

그 옛날처럼,

지금도 그렇다.

탄식의 다리
— 베네치아에서

궁전과 뇌옥이 붙어 있는
돌아올 수 없는 다리를 건너
어두운 회랑 끝
지하 돌 감옥으로 들어간다.

오색구름을 채집하던 일과
아침의 에스프레소 한 잔,
사이프러스 언덕
그 분홍빛 노을도

거위들이 지켜주던
어머니의 뒷마당까지
그 모두를 데리고

돌의 문,
돌의 벽,
돌의 세계로 들어가

돌이 되어가는 순간
깨달았다. 그동안

간절한 기도 한 번, 없었다.
돌 속에는 파도마저 없었다.

바닥분수

아이들이 물을 밟고 있다.
바닥에서 솟구치는 물을
반바지로 웃으며 밟고 있다.
솟구치는 것들을 재미 삼아
작은 발로 한껏 누르고
또 힘껏 밟아본다. 물들은
비명을 지르며 옆으로 흩어진다.
무언가 억압할 수 있다는 것,
누군가를 조종할 수 있다는 것은
은밀한 쾌감이다.
태연히 개미들을 짓밟았던 기억,
그러나 누르고 또 눌러도
솟구치는 힘은 어찌할 수 없는 법.
아이들은 결국 지쳐서 물러나고
또 다른 아이들이 꽃들을
밟기 시작한다. 물꽃들은 다시
하얗게 부서지며 산란한다.
온몸이 차츰 물에 스며들어

물에 먹힌 아이들 모두 흩어지고
저 바닥분수, 여전히 하늘을 친다.
아무 일도 없다는 듯
밟을 테면 또 밟아보라는 듯.

붕어는 꽃으로

붕어라고 그냥 죽지는 않는다.
심심할 때면 저 등을 타고
함께 해찰하던 분홍잠수함이
오늘은 평생의 홉기를 토해내느라 몸이 기우뚱대고
지느러미의 노을조차 슬쩍 어두워지더니
마침내, 고요히, 침몰한다.

말하자면 어항은 붕어들의 우주인데
이제야 죽음을 받아들이고 어항을 벗어버린다.

시간을 다 써버린 그는
입을 꼭 다문 채
이제 세상은 내 일이 아니라는 듯
가는 몸조차 작은 물살에 흔들리는데
비릿한 그의 몸을 나는 홀로
아무도 모르게 수장한다.

춤추며 먹이를 찾던

그간의 시간들이
몇 겹이 흐른 다음,
어느 빙하의 겨울을 돌고 돌아
저 물 밖의 푸른 꽃으로 피어날지
누가 알겠는가.

불을 낳는 물

누구는 여기에서
만 권의 책을 읽었다 하나
나는 이 바다 언덕에서
물의 입을 바라보느니

너는 어느 한 방울에서 비롯되어
세상을 푸르게 물들이며
늙고 외로운 수도자의 침상에서도
끝내 파도치느냐

밀생하는 자작나무 씨앗도
제 길을 안다는데
들을 노래 다 들어버린 사람들처럼
길을 잃어버린 저들은 오늘도
무연히 네 앞에 섰구나.

하지만 구음으로 답하는 너는
네 하얀 말발굽 소리가

식어버린 저들의 겨울 아궁이에
붉은 새 불을 놓을 때까지

푸른 물이 뚝뚝 떨어지는
네 몸 한 조각씩을
고루 떼어주고는

시간의 톱니바퀴마저
태연히 삼켜버린 너는

내 영혼의 검[玄]푸른 원적지!

마음의 역사

한국사나 세계사처럼
마음의 역사는 배울 수 없나
안 봐도 할 수 없고
보면 더 좋다는 듯
책 맨 뒤쪽에 눈 가리고 붙어 있는 연대기처럼
그렇게 일목요연 정리할 수는 없나
당신의 마음은 구름을 닮았고
내 마음은 구름에 갇힌 비행기를 닮았으니
마음의 독도법을 가르치는 곳은 어디 없나
비록 맥주는 잘 못 마시지만
금빛 밀밭을 좋아하는 여우가 있는 것처럼
캄캄한 흙 속에 숨어 있던 마음이 문득
그대의 등 뒤에서 꽃으로 피어나도
그것 또한 역사의 한 순간이겠지
당신에겐 그냥 스쳐 가는 들꽃이라도
그 곁에 들고양이 한 마리 앉아 있다면
그것 또한,
스치듯 존재하는 이 땅의 한 풍경이겠지

당신의 마음은 구름을 닮았고
내 마음은 구름에 갇힌 비행기를 또 닮았으니

마네킹의 일기

단지 목적을 위해 태어났으니
내게 존재론은 없다.
신의 섭리나
아담과 이브의 사랑도 없다.
먼지의 공장에서 대량 생산되어
비릿한 인간의 죄 한 자락도
내게는 없다.
그리하여 화려한 쇼윈도에서
예쁜 옷가지만 보여주면 그뿐
필요에 따라 한쪽 팔이 없거나
눈 없고 코 없는 얼굴도 상관없다.
북극한파가 덮친 서울의 새벽
지하도 한쪽에 숨어 우는
한 여인의 눈물이 눈부시다.
붉은 입술을 지워버린 슬픔은
본디 내게는 없었으니
고통의 환희는 더더욱 없으니
살아 있는 생은 과연 저런 것인가.

제2부
지중해 푸른 눈동자

추억도 꽃이다

허름한 여관방에서
포구의 뱃고동 소리를 듣던 밤도
새벽 부둣가 백반집도
이제 보니 사치가 되었다.

거실 용설란에 물을 주면서
용의 혓바닥을 상상하다가
백 년 만에 핀다는 그 꽃을
티브이에서 보았을 때
그녀는 어디에 있었을까?

어느 봄 설악산 울산바위가
브로치 구름을 가슴에 달고 있을 때
부모님과 찍은 사진, 웃고 있었지.

지금은 모두 뱃고동을 타고
먼바다로 떠나버린 시간,

차창 밖 낙엽은 날아오르고

페르시아 붉은 모래를 밟으며
자신들의 지도를 따라 걸어가는
저 낙타들의 그림자.

그들을 따라 나는 그때
무슨 꿈들을 꾸었던가?

지금도 서랍 속에 뒹굴고 있는
기억의 저 푸른 시침과 분침들.

이진법

코로나 진단 키트에
두 줄이 뜬다.

양성이다.

디지털 신호와
컴퓨터 시스템도

음양의 사상도
0과 1이면 충분하다.

낫을 그리며 날아가는
기러기 편대 두 줄도

천공의 허리를 베어 가는데

나는 그만 10까지 배워버렸다.

10의 8승으로 어둠이 왔고
10의 7승으로 무릎이 깨졌다.

10진의 세계에서 종종 길 잃은 나는

열띤 밤이 많았으니, 양성이었다.

봄을 보는 눈사람

지난겨울은 따뜻했다
따뜻해서 나는 견딜 수 있었다
이제 추운 봄이 덮쳐오면
나는 발부터 서서히 녹아내릴 것이다
아니 머리 어깨도 동시에 무너질 것이다
벙어리장갑으로 탄생을 도왔던 사람들도
눈물은 싫어 발을 들고 멀리 돌아간다

슬픔은 역시
꽁꽁 얼려야 제맛인데
봄들은 수치심이 없다

정말로 봄이 태연히 오고 있다
밤낮으로 피어나는 꽃들을 바라보며
나는 밤에도 조금씩 허물어지고 있다
지난겨울, 때론 쓸쓸하고 외로웠으나

둥근 몸통에 모자까지 아름다웠으니

내 생애 가장 뜨거운 날이었으니
이제 반쯤 남은 손이라도 들어
모두에게 안녕, 안녕!

어느 백제 여인의 편지
— 新 정읍사

들판의 꽃들도
입을 다무는 시간
나의 마음은 비로소 피어납니다.
꾹꾹 눌러놓았던 눈빛과
굴러가던 바퀴를 멈춰 세웠던 시간들이
다시 흐르기 시작합니다.
당신을 기다리는 동안
언덕의 해바라기들은 사나흘 더
벌 나비들을 불러들였고
칸칸이 박힌 향기에 빠져들고 나면
저만치 밤이 밀려오고,
어둠이 풀어놓은 말들은
이제야 당신에게로 날개를 펼칩니다.
하여 이 밤을 타고 올라
저 앞산의 둥근 달을
먼 당신에게로 띄워봅니다.
달빛이 읽어주는 그 길을 따라
진창을 걸러 미리 올 것을 알기에

이 밤은 당신에게,
그리고 나에게도 이 밤은
어제가 사라지고 산맥도 사라지는
어찌할 수 없는 시공의 부재입니다.
벌써 내 곁에 계신 당신, 당신이여!

집, 바다

흔들리면
흔들리는 대로

넘치면 또
넘치는 대로

세상의 온갖 짐을 다 싣고서도
결코 끊어지지 않는 수평선.

저 푸른 고무줄의 탄성彈性!

단 하나만의
이름을 가질 수 없어

세상의 비밀을 다 담아버린
바다라는 집,

먼 옛날

물고기도 한 마리 새[鳥]로 키워

창천으로 날려 보낸 액체의 집!

바다는 말한다

그때는 오시라고
눈물 한 방울 섞을 곳은
이 바다 어디에나 있다고

그때는 바다에 오시라고
그리하여 수평선 너머
또 다른 당신을 만나시라고

그것은 당신과 바다
먼 두 바다가 마침내
두 손을 잡고 악수하는 것이라고

그리하여 끊어지지 않는
내 안의 수평선을 만드는 것이라고

당신의 눈물 한 방울,

그때에는 꼭

바다에 오시라고

그리하여 아롱지는 바다로
당신의 배 한 척 띄우시라고

동지

동지에 팥죽이라
어머니의 오랜 생활 공식이지

오늘은 별들의 촌수를 따져
1년 중 밤이 가장 길다는 과학자

그렇다면 오늘 밤은 겨울의 절정

한 해 묵은 빚을 다 갚고
뜨거운 팥죽에 숟가락을 문은 채
지층의 시간들을 채굴하는 중이다

겨울의 분주함이 좋았는데
두꺼웠던 검은 망토를 열어젖히고
조금씩 빛은 길어진다는데

저기 시나브로 겨울을 먹고
미끄러지듯 봄을 끌고 오는
어린 살모사 한 마리

고양이를 찾습니다

동물병원 유리창에
아파트 벤치 위에 예쁜 쪽지가
여기저기 붙어 있습니다.
장모長毛의 하얀 털에
지중해 푸른 눈동자를 가졌으며
제 어미의 고향은 먼 사막이랍니다.

몇십 년 전,
바람 부는 버스 정류장에
소금기 풍기는 항구 뱃머리에
지능지수가 살짝 떨어진다고
검은 바지에 흰 셔츠를 입었다고
순하다고, 저런 흑백 전단지가
어머니의 눈물로 붙었습니다.

그 끝에는 차마 다할 수 없는
숨은 사랑이,
달빛 어린 푸른 강물이,
반쯤 찢겨진 종이를 꽉 물고 있었습니다.

인공지능

세기의 폭력적 결합이다.
오래전부터 예정된 필연이다.
인간에서 분화한 그는 이제
사람들의 신이 되었다.
화성까지 비행 궤도를 그리고
소설로 신인문학상을 거머쥐더니
마침내 아이들의 보모가 되었다.
그들이 원하는 노래를 불러주고
엄마보다 얼굴이 흰 아이들은
그의 명령에 기계적으로 순응한다.
찻집의 연인들도 그를 사랑하여
서로의 얼굴은 홀로그램이 되고
인공언어의 문맹인 신노인들은
기계 앞에서 또 하루를 굶는다.
하지만 프로그램이 장착된 그는
사람의 은유를 이해하지 못하고
무덤에 엎드린 여인의 등을 읽지 못하고
개와 늑대의 시간을 구분치 못하고

그저 바람 불어 슬픈 봄날도
슬픔의 게이지는 항상 '0'이다.
세기의 대결에서 패배한
바둑 챔피언이 아름다운 것은
흔들리는 마음이 있었기 때문이다.

그러나 어쩌랴, 어제는
AI와 사랑에 빠진 여인이 있었고
오늘은 AI로 인간을 사유한다는 학술보고서가
세상을 강타했으니.

몰락이 아니다

여름내
배롱 보고 앉았던 자리에서
문득,

늙은 느티나무의 잎들과
벚의 낙엽들이 굴러다닌다

저것은 몰락이 아니다

초록은 무엇이고
갈잎은 무엇인지

봄은 무엇이고
가을은 또 무엇인지
머리로 헤아리는 이에게

이제는 태양보다
달이 더 가까워졌다고

별을 잉태하는 밤들이
곧 찾아온다고

지난 시간들을 바스락대며
온몸으로 증명하는 것이다

분홍 치욕

좋은 값에 팔리려고
귀의 솜털까지 면도하고

죽어서도 민낯이 부끄러운
분홍 돼지머리.

울음이
너무 배불러

저리도 홀로 웃음을 날리니

너도나도
몰래 혼자 울며

허 허,
따라 웃는다.

가짜가 가짜에게

백억을 주웠다.
길을 가다 멀리서 팔랑이는
전단지 가짜 수표였다.

주인으로 살아라,
가짜가
가짜에게 말하는 사이에도

바람은 불어오고
담벼락의 꽃들도 몇 번은 더
피었다 졌다.

지나치던 행인들도 몇 장씩
단풍잎 같은 희망을
허리 굽혀 줍고 있었다.

흙바람 부는 봄날이었다.

고양이의 감정

저기 저 층층나무 아래
비를 맞고 있는 아기 고양이도
고아의 감정을 알까?
물 빠진 연못의 물을 홀짝이는 저 생에도
어떤 쓸쓸함이 배어 있을까?

잠실 지하도의 늙은 맹인이
길 위의 뜨거운 밥 한 그릇
뚝딱 먹어 치우듯이

소각장 잔불을 지켜보던 한 소년이
어느 날 불쑥 찾아온 아버지와
그와는 또 다른 감정으로
짜장면 한 그릇 뚝딱, 먹어 치우듯이

눈빛만 살아 있는 저 고양이도
푸른 감정이 살아 있다면
그냥 버리기에 아까운 어떤 감정이

검은 꼬리 끝에 숨어 있다면

아직 두 손으로 얼굴 가리고 있는
내년에는,
느닷없는 봄 햇살에 두 눈을 찔린 감정으로
저의 저 날카로운 발톱으로
공중에 떠다니는 새봄을 할퀼 텐데,

오, 오늘도 살아 있어
서느렇게 날 쏘아보는
표범 무늬의 노란 눈동자여!

울산바위

바위는 항상 그 자리에 있다.

구름을 머리에 올린 바위, 구름을 옆구리에 끼고 있는 바위, 때론 노을을 뿜어내고, 태양을 등진, 새벽 4시의 바위, 봄비를 맞고, 겨울눈이 아직 쌓여 있는, 원근법을 가르치는 바위, 아이는 처음 보고 노파는 영접하는 바위, 매 한 마리 날지 않고, 밤새 수식을 붙여도 남아 있는 바위, 당신과 나의 바위, 몰래 꽃 한 송이 키우다, 가끔은 밤하늘로 비행하는 바위……

그러고 보면
바위보다 중요한 건

그를 둘러싼 그 밖의
모든 몸과 마음들.

그럼에도 천년 바다 따개비처럼
서로 딱 붙어 있는 크고 작은 바위들은

울울한 울산바위는 항상
저 자리에 저대로 하늘을 기대고 있다.

카페 은유법

그대 혹, 지루하면
동쪽 파도-ㄹ 노크해 보면 어떨까요?

— 회색 구름, 느린 파도
— 수영하는 거북이
— 소나무 카페 등등이 이웃인데요,

느린 파도를 타며
느리게 움직이는 거북 한 마리,

회색 구름, 세 들어 사는
소나무집에서
얼음 든 밀크티 한 잔이면

네, 상상하는 그대로

흰 갈기
파도 타고 멀리 달려 나가는

살아 있어, 오늘을 선택한 당신.

그리하여 삶의 어느 한쪽이
툭, 떨어져 나가도

끝내 무너져 내리면서도
끝끝내 당신이고 싶은 당신.

느릅나무의 시

숨어 있던 삼월이 피어나면
잎보다 먼저
꽃을 보여주는 느릅나무.
그 사이 새들은
날개를 고쳐 돌아오고
차례를 기다리던 잎들도
새벽 바다 물때 맞추어 돋아나면
푸른 누에처럼
허기진 봄을 다 먹어버린 분홍 꽃들은
또 어디로 흘러가는지,
이슬은 구름이 되고
구름은 또 비단이 되었다지만
눈금으로도 셀 수 없는 삶은
타는 봄날의 축복.
그러니 부디 잘 가라
짧은 시간 다 써버리고 돌아가는
자연의 불꽃들이여.

(스스로 분홍을 버린 그는
이제 열매를 볼 것이니!)

제3부

지붕 위로 올라간 현자

어항

집에 어항 하나 들여놓고
물도 이따금 새것으로 갈아준다.
그러면 검붉은 꼬리들은
유리 속의 투명한 고요를
바오바브나무 아래 담배를 태우는 어느 원주민처럼 뻐끔
거리다가
어느 날 밤을 도와 새끼를 낳고,
제 젊은 어미가 오래전
먼 열대의 물푸레 강에 슬어놓은
물 비린 아침이 또 찾아와도
누군가는 밤새 비늘이 떨어진 채
더 이상 꼬리를 흔들지 않는다.
저기 저, 우주보다 넓은
도화지만 한 세상.
저것들도 모두 파란만장,
생로병사를 옆구리에 끼고 산다.

얼음 오리

아이들이 눈을 뭉쳐
얼어붙은 연못 위에 오리들을 빚어놓았다

이른 춘설에
매화꽃 피어나고

암향에 몸이 풀린 오리들

하나둘, 둘 하나
연못으로 뛰어들더니

찰나에 일가를 이룬
수양 아래 저 분홍물갈퀴들

공부가 많아 나는
점점 숙맥이 되어가고

아이들은 깔깔깔
물 위를 뛰어다닌다

꽃 선생

바이올렛 하나 들여놓고
거름 몇 줌 뿌려주면서
꽃은 언제 피나,

알량한 물 몇 바가지 더 주고
꽃은 또 언제 피나,
외갓집 아궁이 들여다보듯
또 들여다보는 내가 딱했던지

솜털 보송한 잎들 사이로
어느 아침, 새침한 듯에
떡 하나 던져주듯

아나 먹어라,
꽃 한 송이 던져주었네.

얌전한 보랏빛 꽃 중앙에
노란 꽃술을 물고 있는 그 모양을 보노라니

3천 원짜리 시장 꽃도 시절을 아는데

나도 그만 덩달아 붉은 꽃을 피웠네.

바다는 두렵지 않다

두렵지 않다 바다는

저 홀로 모든 것을 껴안고
침몰한 해적선까지 껴안고

해도 달도
너른 품에 안고서

해변의 아이들을 쳐다볼 뿐!

낮 12시의 햇살도
한여름 쏟아지는 빗방울도

얼룩진 달그림자까지
다 받아먹고서도 태연히

또 오늘을 살아가는
어머니의 저 푸르른 일생

이사

20년 만에 거처를 옮겼다
내 몸을 기억하는 가구를 버리고
정신을 갉아먹던 글자들을 버리고
어머니의 마지막 안방도 고이 두고 왔다

그래도 태우지 못한 활자들
책장에 던져두고 휘, 한 번 둘러보니
새소리는 어디선가 들은 듯했고
대리석 기둥은 미련해 보였다

쥐똥나무 울타리 옆
모과나무는 몇 그루 있었으나
사과나무는 없었고
벌레 먹은 낙과 한 알 보이지 않았다

우주의 벌레 구멍을 찾아
먼 곳으로 자리를 옮겼으나
기억 저편의 발걸음은 아직도
어머니의 묵은 꽃자리에 가 있다

노자의 소

거친 홍수에 떠내려가다
지붕 위로 올라간 현자들을 보시라.
본 적 없는 꿈에서 깨어난 듯
지붕에 쌓인 흙더미를 밟고 서 있는
저들의 황토 발목을 보시라.

물이 불어 불안한 말[馬]들은
네 발이 두둥 땅에서 들리자
체온이 길들여 온 그곳을 고집하다
물속으로 사라지고 없는데

저들은 살아남아
네 발이 땅에 닿지 않아도
공중에서 놀아도 끝까지 살아남아
녹슨 양철지붕에서 비를 맞는다.

인간의 예측을 부정하듯
아직 남아 있는 빗줄기가 휙휙
저들의 잔등 위에 그려내는
오늘의 수묵화 한 점!

구름 생각

밤새 비를 머금은 산은
신생의 구름을 올리고
구름은 또 다른 구름을 낳았다

네모도 세모도 아닌
저 갈기 많은 구름의 생각들
저들이 또 추억을 길어와

그해 오월, 장미의 그녀와
함께 쳐다보던 가지 끝에서
노란 부리를 닦던 새 한 마리와
소년으로 돌아온 당신까지

피가 다른 우리들도
그 어느 지점에선가
서로 아픈 구절이 얽히어

이제 와서야 그래
그래, 라는 속삭임이
눈을 찌르는 여름 아침

슬픈 벽화
— 컵라면의 증언

나는 때를 기다리며
검은 가방 속에서 뒹굴었다.
그의 때 묻은 수첩과 칫솔
흰 마스크, 나무젓가락도 함께
단 4분 30초면 그에게 갈 수 있도록
모든 준비가 되어 있었다. 하지만
교대 없는 청춘은 홀로였고
스크린도어가 몇 번 열렸다 닫힌 다음 그는
지하철의 슬픈 벽화가 되었다.

가방 속에는 미처 뜯지 못한
한 끼의 인스턴트 식품이
꼬불꼬불 봉인된 그의 꿈들이
나처럼 뚜껑이 열리기를 기다리며
어둠 속에 뒹굴고 있었다.
그와 함께 산을 오르던 시간도
산 중턱 소나무 그늘 밑에서
함께 나누었던 뜨거운 눈물도

플라스틱 감옥에 영구 박제되었다.

미라가 되어버린, 먼 꿈 한 자락.

K의 여행

흐르는 물이다
물 위를 떠다니는 꽃잎이다
가지에 꼭 붙어 있을 땐
하강이 두렵던 작은 꽃잎이다
알프스 호수에서 노숙하는 백조다
중세의 고성에는 침묵을 기르는 돌감옥이 산다
공중에 매달린 침대도 있다
아프리카에서 건너온 왕실의 상아 나이프는
잘려 나간 고기의 단면과 핏방울을 기억한다
두 눈 뜨고 대낮을 활보하는 꿈이다
꿈이 부풀어 방언이 터지는 저녁
불에 구운 전갈들이 하얀 접시 위에 담겨 있다
골목길을 돌아가면 거기 거울의 방이 있다
갈라 터지는 연약한 육체들,
검버섯 핀 돌들이 몇 살이냐 묻는다
다시 물 위를 떠다니는 꽃잎이다
언제 어디로 흐를지,
저 어두운 하늘 기러기의 하염없는 날개

조용한 강을 깨우는 성당의 종소리
그 뒷마당에 죽은 자들의 집들이 나란하고
햇살은 아이들과 뒤섞여 놀고 있다
가벼운 현기증 같은 것들이 떠다닌다

PS : 배낭 속의 다음 열차는 칙칙 울어 쌓고 K는 '약하지만 부지런히 나아갑니다.'

― J.S. 바흐

마트료시카

어머니가 딸을 낳으시고
딸은 또 딸을 낳으시니

태초의 강을 건너
오늘의 꽃밭을 키워내신
어머니와 딸들,

두 손을 마주 잡고
또 먼 길을 걸어가시다
붉은 들장미 돌연
흰 장미를 피우고

그 꽃 한 송이 홀로
너른 꽃밭을 일구시니

어머니는 어제처럼 딸을 낳으시고

딸은 또 내일의

어머니를 낳으시니

얼어붙은 저 동굴을 지나
일렁이는 푸른 숲들을 지나

바다를 보는 염소

흰 수염 염소 한 마리
벼랑 끝에서 바다를 보고 있다

푸른 파도 흰빛을
찰나에 낚아채거나

수평선에 외줄을 걸어놓고
끝까지 한번 걸어 볼 심산인가

아니면 들끓는 바닷속에
저 바람의 벼랑 끝에

남모르는 비밀의 집
한 채라도
짓고 싶은 것인가

피 묻은 사금파리
한 조각을

나릿나릿 반추하는

이 눈물 없는 시인아!

날치의 비상

널름대는 파도 속의 저것은
들끓는 열망의 그림자.

안에서 바깥을 꿈꾸며
하늘로 솟구치는 찰나의 불온.

나타났다
사라지고

날았다 떨어지면 깨어지는
바다의 유리창.

세상의 경계를 갈라치며

꿈만으로도
그물을 찢을 줄 아는

한 마리의 푸른 사상.

외양간 고치기

늦었어도 고칠 건 고쳐야
그것이 나와 당신에 대한 예의.

얼마나 무서웠을까, 검은 그림자
외양간으로 손을 넣었을 때
얼마나 외로웠을까, 그 시간
외양간에 홀로 갇혀 있을 때

그러니 고칠 건 고쳐야
그것이 당신과 나에 대한 예의.

나무속 나이테 들여다보듯
한겨울 얼음장 눈금 세듯
금 간 마음의 바닥끝까지
그 끝까지 읽어볼 줄 알아야

그것이
그것만이
우리들 모두에 대한 마지막 예의.

시간 사용법

가을 은행에 몇 장의 지폐를 묻고
집으로 돌아가는 길

봄 한철 난분분하던 벚꽃들
단 한 송이도 눈에 없다.

지난봄을 모두 탕진한 까닭이리.

놀이터의 아이들은
내일을 제쳐두고 미끄럼을 탄다.

그러고 보면 아이들은
저 장미 덩굴 저 왕벚나무도

모태 시간 사용법을
여태 기억하고 있었나 보다.

푸른 바다의 구름들
오늘도 모였다, 흩어진다.

제4부
숭어는 맨드라미를 모른다

천장

사자가 해체되길 기다리며
굶주린 독수리는 날개를 퍼덕이고
사람들은 언덕에 쪼그리고 앉아
젖은 담배 한 개비를 피워 무네.
불면의 밤을 지키던 욕망도
혼자 울고 웃던 시간도
무릎 꿇고 들꽃을 바쳤던 그날마저
분홍 꽃구름 만개한 오늘만은
맹금의 하루치 양식이 되고,
몸에서 영혼을 끄집어낸 승려는
커튼 뒤 붉은 도끼 한 자루로
굽이굽이 육체의 길을 해체하고 있네.
마침내 몸을 게워버린 영혼은 이제
빽빽한 인간의 숲을 멀리 벗어나리.
천장을 지켜보던 사람들도
바람칼 타고 하늘로 오르고 오르다
조용히 자신만의 지상으로 내려와
두 번째 꽁초를 침묵으로 비벼 끄네.

낮은 언덕 갈맷빛 녹음을 뒤에 두고
산 이들은 어제처럼 태연히
굴뚝 달린 인간의 집으로 돌아가네,
여태 날아가지 못한 독수리 한 마리
여전히 코를 박고 퍼덕이는데.

튤립과 알프스의 기억

그녀가 튤립을 가져왔다
노란 튤립의 사흘이 지나자
꽃봉오리는 고개를 숙이고
하얀 줄기는 휘어져서 언젠가
알프스 호수에서 보았던 백조가 되었다
거꾸로 비친 만년설 위의 백조는
물길을 내며 다가왔다
외로움보다는 빵이 필요했을까
딱히 줄 것 없는 나는 발길을 돌렸다
근처 성당에서는 아이들이 놀고 있었고
수도원 묘지는 꽃밭처럼 고요했다
저들의 지하까지 햇살이 환한 오후
호수로 되돌아오니
백조는 아직 그 자리를 맴돌고 있었다
그래도 차마 물속으로 뛰어들 수는 없었다
외로운 꽃병에서 봄도 여름도 아닌
이상한 며칠이 더 지나고
나는 튤립이 완전히 시들기만을 기다렸다

흑해를 오역하다

흑해를 만나기 전
온통 검은 바단 줄 알았는데

남해바다
푸른빛도 많았으니

당신,
떠나버린 당신도

온통 그런 줄 알았는데
흑, 흑

다도해
작은 섬들도 그리 많았으니

베네치아의 휘파람

검은 곤돌라에 흔들리며
산타루치아를 올리는 사공이여

어퍼컷을 날리는 세상에서도
그냥 뽑혀 나오는 가락이여

필시 검은 구름도 있었을 것이나
당신은 무심히 노를 젓고

나는 쨍쨍한 세월을 돌고 돌아
처음이자 마지막으로 듣는 저

물 위의 노래!

불과 몇 미터 수심에
두 눈이 가려
더듬대며 반짝이던 생의 찰나들.

그러나 사랑하고 살아왔음으로
마침내,

초봄의 아드리아가 휘파람을 불어주네.

新 공룡의 시대

밤새 웅크리고 있던 포클레인이
이빨 빠진 집들을 파먹기 시작한다
강한 턱뼈로 닥치는 대로 물어뜯는다
아버지가 무너지고 어머니가 사라진다
물기가 남아 있는 화장실이 가라앉고
욕조에 앉아 있던 어린 나도 떠내려간다
광 안에 숨어 있던 먼지들은
돌연한 햇빛에 눈멀어 이리저리 떠다니고
장롱 뒤쪽의 곰팡이는 끝내 살아남아
푸르게 번져나간 저 오래된 시간들,
깨어진 접시들은 유물로 발굴되고
몸과 집을 떠받치던 철근들은 속을
드러낸 채 구절양장처럼 널브러진다
나른한 사월의 봄날,
연분홍 꽃잎은 마구 쏟아지는데
백악기 건너 무한궤도를 장착한 변종들이
콘크리트 숲을 맛있게 집어삼킨다

저들이 토해놓은 시간의 뼈다귀만 수북하다

손바닥의 꽃

어느 집 골목길
낡은 옷들 빨랫줄 사이로
검은 몸을 막 빠져나온
하얀 목련들이
참새 혓바닥 같은 촉으로
처음 만난 봄 햇살을
조용히 쪼아 먹고 있다.

그 그늘 아래
그걸 보는 우두커니
한 사내의 마른 손바닥에도
먼 강물 같은 것이 흐르고
마침내 없는 가슴에도
희미한 불꽃 같은 것들이
위태롭게 돋아나는 삼월.

보이지 않는

보이지 않는 시간을 보려고
사람들은 시계를 만들었다

보이지 않는 바람의 길을 보려고
늙은 사냥꾼은
순록의 가슴털을 공중에 뿌렸다

사람들은 또 들을 수 없고
맡을 수 없는 것을 맛보기 위해
숫자에게 말하는 법을 가르쳤다

그러자 어느 날
神은
어느 눈 내리는 겨울날

천지를
하얀 천으로 덮어버렸다

폐허 근처

녹슬어 가는 적막에도
들꽃은 여전하고
근원을 알 수 없는 돌들은
맹렬하게 이끼를 키우고 있다

시간이 피워내는 저들이 있어
붉은 흙더미 푸르러지고
침묵을 자양분 삼은 들풀들은
금이 간 어제를 박음질하고 있다

새 떼들은 햇살을 쪼아대고
사라진 사천왕의 눈매가 서늘한데
대웅전 이르기 전
저들의 집은 왜 등골이 오싹했을까

모두가 떠나버린 자리
잠자리들만 하늘을 수놓고
나는 딴사람처럼 돌 위에 앉아 있다

낙원사철탕

골목길 돌아서면 거기
하루의 노동을 마친 우리들은
사철탕과 염소탕이 끓는 동안
와상에 누워 하늘을 보았다

내일모레가 지나면
저 낙원사철탕집도 재개발이다
그동안 별빛은 희미해지고
청춘의 한 세기도 사라졌다

달콤했던 노동의 끝
뜨겁게 나누었던 한 그릇 낙원도
양철지붕 밑으로 뛰어들며
한 손으로 여름비를 가리던 때도

우리를 기억해 주던 와상 앞
느티나무도 떠나버린 자리

골목길 돌아서면 거기

뽀얀 증기를 맹렬히 뿜어대던
실낙원의 추억들이
지금도 컹컹 나를 물어뜯는다

뜨끈한 의자

이것들은 무엇인가?

> 흑염소
> 개소주
> 장어
> 붕어 잉어
> 미꾸라지
> 달팽이
> 닭발

저것들은 또 무엇인가?

> 배즙 양파
> 호박 포도
> 양배추즙
> 사과즙
> 야채즙
> 선인장

동네마다 골목마다
건강원과 개소주집에서 의자를 판다
흑염소의자, 가물치의자, 닭발의자
양파의자, 호박의자, 선인장의자까지

꽃 지는 사연 모두 다르겠지만
반쯤 폐허가 된 당신에게 잠시
쉬어가라고,
흑염소 타고 알프스 오르고
가물치로 물속에서도 살아남으라고

수증기 피는 동물원 골목에서
파꽃 만발한 동네 식물원에서

뜨겁게 익어가는
저 사막의 맞춤 의자들!

연애 사건의 전말
— 집고양이, 바다

　연애는 소나기처럼 시작된다죠. 식구들은 구름을 즐기러 나가고 하늘에는 관심 없는 둘이 남아, 때로는 털실 같고 때로는 금속 같은 말들을 주고받았죠. 크리스마스를 몇 번 같이 보내고 나자, 그녀의 짧은 울음만으로도 감정의 습도와 주름진 마음이 보이고 여울진 파장은 작은 꽃잎을 물들이기도 했지요. 바람의 나이테가 모래 위에 돋을새김 된 사막이 고향인 그녀는 창가에서 노을을 보는 것이 취미죠. 그럴 땐 얼핏 쓸쓸한 철학자를 닮은 것 같기도 하구요. 특히 연안의 어린 가다랑어를 즐기죠. 이제는 저도 가다랑어가 비리지만은 않아요, 물고기가 그려진 깡통을 보면 괜히 흐뭇하기까지 하다니까요.
　연애는 얼핏 공부와 비슷한 데가 있더군요. 파고 파도 모르는 문제는 꼭 나오죠. 지나는 바람에도 이유 없이 곤두서는 그녀의 하얀 털과 까닭 모를 결벽증 때문에 덩달아 긴장되죠. 부드러운 털 속에 감춘 분홍 발톱은 여전한 공격 본능을 가지고요. 그리고 지금껏 같은 공간에서 숨을 쉬어도 그녀는 자신만의 언어로 말하고 자신만의 방식으로 나무의 일생과 그 상처를 읽어내고, 코발트블루의 두 눈동자를 가진

그녀에게 '바다'라는 근사한 이름까지 선물했지만, 떨어지는 빗소리도 우리는 서로 떨어져서 듣죠. 전쟁은 끝이 있어도 파도는 끝이 없더군요. 하지만 정말 다행이죠.

   아직은 서로를 다 이해할 수 없어서,
   아직도 그대가 권태롭지 않아서.

책의 비밀

면벽 수행하는 서가의 책들
누군가 그의 푸른 손을 잡아주면
천년의 비밀을 고백하는 수인들

먼지의 방을 열어젖히면
그들은 그대의 눈부처가 되고
그대의 젊은 산파가 되었다가

마침내 붉은 입술이 되어
두 영혼의 합을 맞추어 본다

때로는 그대의
어제와 오늘
내일의 시간들을 싹 갈아엎을지라도

무섭고
아름다운 저들 앞에

지친 그대는
일생을 끌어온 신발을 벗어 던진다

영혼의 산파

칸칸이 생각이 다른 밤 기차는
나를 낯선 도시에 내려주었다.
사람들은 알 수 없는 것들을 팔고 있었고
나도 한 발을 스윽, 들여놓았지만
봄 없는 봄날만 흘러가고
그림자의 발목만 진창에 빠져들 때
나는 어린 게가 개펄 구멍을 찾아들 듯
남쪽 바다를 향해 달리고 달렸다.
마침내 눈썹 닮은 해변이 날 알아보고
소나무 터널 지나 거기 산모롱이 돌면
아, 여느 때처럼 푸른 거기,
붉은 동백섬은 둥둥 떠다니고
등대는 물결의 잔등을 쓰다듬고 있었다.
사철 꽃피는 바다,
그 자리에 그대로 숨 쉬고 있었으니
피안의 바다,
그 푸른 계곡에서 파도를 타는
홀로 늙어버린 미소년 하나.

커피 한 잔

흰 구름 떠도는 카페에서
커피 한 잔을 마신다.
편리하고 매끈한 저 종이컵,
펄프가 되기 전 울울창창
한 그루 나무였을 것이다.
밀림의 나무들이 쓰러질 때
아마존 구름들도 혼비백산
아메리카 난민이 되고
사하라 달을 물고 있던 우물들은
깊은 바닥까지 말라붙는다.
탁자 위 오늘의 헤드라인은
백 년만의 기상이변.
카페 옆 사각 쓰레기통에는
향긋하게 허리가 짓밟힌
나무들의 후생이 넘쳐나고
나는 테이크아웃 한 잔을 더 주문한다.

영겁회귀

숭어는 맨드라미를 모른다.
맨드라미는 얼룩말을 모른다.

얼룩말은 달팽이가 어떻게 호흡하는지
달팽이는 말의 갈기가 무슨 색인지 모른다.

그래도 바람의 역사는
오늘 밤
회색 굴뚝으로 빠져나가고

파도는 천년바위에
거품 같은 알을 낳는다.

그래서 붉은 새 울 때
붉은 꽃 피어나고

에펠탑 아래 두 남녀는
서로의 속눈썹을 나눠 가진다.

강서일의 시세계

활성화한 마음을 '물'이라 부르면

김효숙

(문학평론가)

1. 흔들리며 흘러가다

　강서일 시인의 생각 회로에는 큰 흐름이 하나 있다. 특별히 자각되지 않는 방식으로 자기 고유의 성향이 된 것, 비유컨대 이전부터 입어 온 옷을 걸칠 때처럼 자연스러워져 어느새 한 몸이 된 듯한 관념과 사상들, 구체적으로는 노자·장자·불교 정신이 그것이다. 이는 마음이 하는 일이라고 알고 있는 어떤 정신작용과 행위의 연원 같은 것이 그의 시언어에 깃들어 있다는 뜻이다. 강서일 시인의 시를 읽다 보면 마음의 흐름을 시언어로 옮기면서 입의 말이 아닌 마음의 말을 한다는 것을 알게 된다.

다섯 번째 시집인 『우주의 벌레 구멍』에서는 시인의 세계관이 더욱 깊어지고, 마음에 관한 사유도 한량없이 넓어지고 있다. 시인은 영문학을 전공한 후 대학에서 학생들을 가르쳤고, 해외여행도 여러 차례 다녀온 듯하다. 그런 와중에 모두 다섯 권의 시집을 출간하였으니, 타고난 통찰력과 열정을 지닌 시인임을 알 수 있다. 이 글에서는, 생활과 시 쓰기 중 어느 쪽도 소홀히 하지 않았을 강서일 시인이 특히 '마음'의 문제에 주목한 점을 이야기하고자 한다.

우리가 잘 아는 철학자 중 데카르트로부터 그 이야기를 시작해 보자. 그는 인간을 '생각하는 주체'로 본다. 이런 견해대로라면 뇌의 생각 기능을 벗어난다면 마음의 공간은 연장되지 않는다. 이 같은 견해를 따르는 인지과학 연구자들은 인지 과정을 뇌가 독점한다면서 뇌 외부의 신체에서 부분적으로 일어나는 심적 과정을 도외시한다. 이는 마음의 비물질성을 믿기 때문이다. 그러다 보니 이런 논리를 '기계 속의 유령'(길버트 라일) 같다며 거부하는 자도 생긴다(마크 롤랜즈, 정혜윤 역, 『새로운 마음 과학—확장된 마음으로부터 체화된 현상학까지』). 하지만 이렇게 대립하는 마음 개념은 강서일 시인의 주요 관심사가 아니다. 그는 마음의 소재지를 찾는 일보다 그것이 체화된 형태로 일어나고, 변화하고, 흘러가는 일에 주목한다. '물' '구름'

'마음'의 표상을 생명성·유연성·리듬의 미학으로 묘파하면서, 시간을 초월하는 동시에 공간을 연장하는 질료로 삼고 있다.

　이 시집은 간결한 시언어에 의미를 함축하고, 시공간을 초월하는 상상력으로 우리가 가닿지 못할 심원한 세계를 현상한다. 무난한 어휘 운용, 상식적인 상황 전개로 메시지를 선명하게 전하는 시를 쉬운 시라 할 수 있다면, 강서일의 시는 이에 대한 만만찮은 저항력을 지닌다. 외연은 일상적이나, 내포는 철학적이고 과학적인 정신이 녹아 있는 세계와 접하고 있다. 심오함을 기호화하지 않고 도리어 덜어내면서, 표면 기호의 저변에 흐르는 사유를 감지하게 하고, 아는 만큼은 시가 보일 것이라는 감을 안긴다.

　이 시집이 첫인상부터 우주적 감각을 안기는 데는 웜홀 Wormhole 이미지가 크게 작용한다. 그러나 이것을 거대 개념으로만 본다면 시 읽기의 실패를 자초할 가능성이 크다. 그래서 '나'라는 자아가 없다면 우주도 존재하지 않는다는 소우주 개념부터 염두에 두는 편이 좋다. 나와 관계를 맺는 만유를 하나의 네트워크인 '우주'라 부르면, 뒤따라오는 '벌레 구멍'도 미시사로 좁혀든다. 거대 우주를 묘사하지 않는다 하여 그것이 없지 않고, 소우주에 머물러 있다 하여 거대 우주를 벗어난 것도 아니다. 이렇게 강서일의 시에서 우주는 다양한 비유로 표현되고 있다.

'우리'가 그 모든 일인칭들을 포함하는 복수 명사인 것처럼, 우주는 헤아릴 수조차 없이 많은 물질로 이뤄져 있다. 그래서 우리는 강서일 시의 이미지들을 되도록 자디잘게 부수어 가며 미시적으로 다가갈 필요가 있다. 시인의 마음과 과학자의 마음이 다른 것 같으나 정작은 서로 다른 방식으로 자신의 우주를 이해하고 있고, 본질적으로는 같은 의문에서 시작하여 다른 사고가 조직되면서 분기점이 생기고, 거기서 시와 과학의 갈래가 형성된다. 시인은 보이는 실체보다 보이지 않는 진실이 무엇인지를 더 궁리하며, 그중 '마음'은 불확정적인 인간 정신의 은유라 해야 한다. 이 시집에 연면히 흐르는 시인의 세계관을 마음의 문제로부터 짚어나가 보기로 한다.

  「마음의 역사」부터 보면, 마음은 "스치듯 존재"한다. "일목요연 정리할 수"도 없고, 상대의 등 뒤에서 피어난다 해도 눈으로 볼 수 없는 꽃 같은 것이다. 마음과 세계가 변하는 속도는 동일하기에 불확실하고 미결정인 채로 우리가 감지하는 그 무엇이다. 그렇다 하더라도 인공지능 기술의 발달로 마음의 공허를 달랠 수 있다는 처방은 인간 고유의 것이 될 수 없다고 시인은 생각한다. 우리에게는 "흔들리는 마음"(「인공지능」)이 있기에 인공지능과 달리 감정의 수치가 고정적이지 않고, 슬픔을 알며, 패배를 인정하는 아름다운 마음의 소지자일 수가 있다. 삶의 고통으로 남모르게 눈물을 흘리는 여인의 "눈물이 눈부"신 까닭은 사람의 향취가 묻어 있어서다. 비릿한 삶의 냄새를 풍기며 "고통의 환희"(「마네킹의 일기」)라는 양가성을 가능케 하는 것은 오직 인간 존재론의 영역이다.

데카르트식으로는 생각이 일어나는 곳, 즉 뇌가 마음이다. 하지만 동양인인 우리는 자신의 가슴을 마음의 저장소로 알고 있다. 강서일 시인은 마음의 상태, 향방, 변화 등의 움직임으로 그 마음의 '있음'을 감지한다. 그의 시에서 구름을 시공간이 겹친 표상, 수시로 변하는 마음의 비유로 읽을 수 있다. 찰나에 모양과 위치를 바꾸는 구름의 변화상에 시간과 공간을 중첩해 놓는다. 서양인인 보들레르도 산문시 「이방인」의 마지막 문장에서 어느 현대인이 그 구름을 바라보며 이렇게 읊조리는 광경을 묘사한다. "구름을 사랑하지요… 흘러가는 구름을… 저기… 저… 신기한 구름을!" 정착하지 않고 이동하는 현대인의 특성을 구름이 떠도는 장면으로 선연히 그려낸다.

강서일의 시에서 자연 현상은 흐름·밀려옴·떠돎 등의 속성을 지닌 것, 부단히 움직이는 에너지 같은 것이다. 파도는 견고한 대상에 부딪혀 이것을 부수는 에너지 같은 것, 구름은 시인이 이방인의 자의식으로 마주하는, 수시로 변하는 무정형의 형상이다. 그것은 "살았다 죽었다" 하기도 하고, 커피잔에 담아 둘 수도 있다. 이렇게 유동적인 에너지의 집합이 강서일의 시이며, 그 속에는 보이지 않는 시간이 넘실넘실 유동하고 있다.

어항의 관상어 한 마리

고요히 가라앉고

나는 카페에 앉아

살았다 죽었다 하는 구름들을

한 잔의 커피에 담고 있다

그 사이에도

먼 나라 포탄들은

카놀라 들판을 못 본 체하고

파도는 아이들의 모래성을 덮어버린다

그럼에도 꽃들은

과거를 안고 미래로 피어나니

칠월의 하운은 지금

또 다른 그림을 그리고 있다

―「구름은 흩어지고」 전문

  미래로 가는 길이 과거를 안고 흐른다는 말에는 헤아릴 수 조차 없이 오래된 과거가 내재한다. 변함없이 죽었다 살았다

하는 것에 구름만 있는 것은 아니다. 꽃도 역시 그러하다. 영원불변하는 유전자를 지닌 생명체는 포탄이 날아다니는 파괴적 현실도 아랑곳하지 않고 들판에 피어나며, 구름은 하늘에 걸린 그림인 양 수시로 풍경을 바꾼다. 파도는 아이들이 쌓아 올리는 모래성을 부수며 제 몸의 생기를 풀어낸다. 별다른 목적도 없이 흐르고 피어나며 존재할 뿐, 대상의 삶에 침투하여 훼방을 놓지는 않는다. 서로 상대의 배경이 되어 주고 풍경이 되어 주면서 "과거를 안고 미래로 피어나" 화엄의 세계를 이룬다.

2. 지식을 닫고 마음을 여는 여행

17세기 초 서구에서 tour라는 용어가 등장하여 '여행'의 의미로 쓰이기 시작했을 때부터 이동이 잦아진 근대인은 국경을 넘어 타국으로 자유로이 흘러들었다. 강서일 시인은 여행자와 함께 이동하는 자본에만 집중하는 자는 보지 못할 마음의 행방에 관심을 기울인다. 여행은, 살아 있음에 대한 감각이 무뎌질 때 다시금 갱생을 꿈꾸는 자들의 이동 행위가 아닐까. 이 시집에 제법 등장하는 외국의 어떤 장소는 시인의 공간 체험을 넘어 생사관으로 도약한다.

「탄식의 다리 ─ 베네치아에서」에는 영광과 비참이 교차하는 여행지를 경험한 일화가 담겨 있다. 화자에게 이 여행은,

어떤 이의 영광스러웠던 삶("궁전")과 또 다른 이의 처참하고 불명예스러웠던 삶("뇌옥")을 한 장소에서 볼 수 있게 한다. 오색찬란한 꿈에 기댄 여행자의 감각으로 들어간 "지하 돌 감옥"에서 그는 불현듯 견고한 돌들 속에 감금되었다는 생각에 사로잡힌다. 돌과의 동일화가 진행하고 있다는 착란 속에서 그동안 "간절한 기도 한 번" 하지 않았다는 자각이 엄습한다. 아마도 이것은 그가 궁전과 뇌옥 사이의 갈림길을 밟아보고, 지난 시대의 영광과 비참이 하나같이 돌처럼 굳어져 역사라는 이름으로 불리는 것에 대한 반작용이 아니었을까. 무탈하게 살아 있으면서도 기도 한 번 해보지 않았다는 자책이 이때 그를 흔들어 깨운 것이다.

그러면서 시인은 '물'의 철학이 깃든 마음으로 이 세계를 대면한다. 그의 시에서 화자가 사회 속의 개인이기보다 자연의 일속으로 세계를 주유하는 듯한 인상을 줄 때 상선약수上善若水를 떠올려 보면 좋을 듯하다. 이는 '최고의 선'[上善]은 '물과 같다'[若水]라는 의미다. 물을 철학의 대상으로 삼은 사람, 보이지 않는 도道를 보이는 물에서 찾았던 사람이 노자다. 물의 흐름에 몸을 맡겨 놓고 가장 낮은 자리에 닿을 때까지 흘러가는 이미지를 상상하다 보면 물의 생명력이 만물을 이롭게 한다는 점까지 승인하게 된다. 웅숭깊은 어느 장소에서 발원하여 바다에 이르기까지 지난한 여정을 온몸으로 감당해 내는 물의 생명력을 지닌 사람, 그 와중에도 아래 시에서 보여주는 자질을 갖춘 사람이 현자라고 시인은 생각한다.

>거친 홍수에 떠내려가다
>지붕 위로 올라간 현자들을 보시라.
>본 적 없는 꿈에서 깨어난 듯
>지붕에 쌓인 흙더미를 밟고 서 있는
>저들의 황토 발목을 보시라.
>
>물이 불어 불안한 말[馬]들은
>네 발이 두둥 땅에서 들리자
>체온이 길들여 온 그곳을 고집하다
>물속으로 사라지고 없는데
>
>저들은 살아남아
>네 발이 땅에 닿지 않아도
>공중에서 놀아도 끝까지 살아남아
>녹슨 양철지붕에서 비를 맞는다.
>
>―「노자의 소」 부분

 화자의 전언에 따르면, 현자란 현실과 무관하게 공중에 부양된 자가 아니다. 진흙탕에서 구르고 뒹굴다 구사일생 지붕 위로 올라선 자, 신성·염력·기적을 체화하지 않고 아무리

거센 홍수에 휩쓸릴지라도 그 흐름에 몸을 맡겨 물과 하나가 되었던 사람이다. 그러한 흐름에 장애일 법한 집 한 채가 요행히 그의 발밑에 닿았을 때 도리어 자신이 우뚝 몸을 세울 수 있게 바닥이 되어 주었다며 기뻐하는 사람이다. 이렇게 그는 장애물을 만났을 때조차 흐름의 방향을 유연하게 바꿀 수 있는 전환기적 사고의 소지자다. 그는 "공부가 많아 나는/ 점점 숙맥이 되어가고// 아이들은 깔깔깔/ 물 위를 뛰어다닌다"(「얼음 오리」)라고 역설을 구사하면서 지식 결정론으로 현자의 명석함을 제한하지는 않는다. 다음 시는 액체의 시대를 살아왔고 이후에도 그러할 우리에게 그 액체의 정체를 심문하게 한다.

잉여의 손
잉여의 불빛,
볼 것이 너무 많아 한 편도
보지 못하고 밤을 넘긴다.

잡을 인형이 너무 많아
울음을 터뜨리는 아이처럼
수많은 선택지와
수없이 구멍 난 파지가 쌓여가는
나날들이라니

그러나 놀라지 마시라.

지금은 천년 빙하가 녹아내리고

명사는 동사 되어 흘러가고

벽에 걸린 거울은 산산조각

파편이 되는 시간

—「액체 근대」 부분

이 시의 제목인 액체 근대(Liquid Modernity)는 지그문트 바우만의 사유와 접하는 용어다. 그는 모든 견고한 것들을 부수는 현대성을 액체화와 유동성이라는 말로 설명했다. 그 핵심에 자본의 유동성, 물질 위주의 소비가 삶의 본질이 되어 버린 세계에 대한 통찰이 담겨 있다. 시인도 그리고 있듯이 산업화한 도시의 구성원들은 어느 것에도 집중하지 못하고 산만하며, 이전 세계의 파편화 뒤에 신세계는 도래하며, 그때 유동하는 자본이 모든 것의 우위에서 우리의 삶을 재편한다. 이전의 견고한 것을 해체하고 녹여 액화를 조성하는 데 기여하는 것이 자본의 막강한 위력이다. 이것이 '잉여'의 형태로 유동성을 지닌 채 흘러넘칠 때 국경도 사회적 안전망도 느슨해진다. 이 점과 연계한 강서일 시의 은유가 물·구름 이미지다. 한 장소에 고정되지 않고 이동하는 자본·직업인·여행자들이 액화, 기화, 결빙의 은유와 만나 시적인 순간을 만든다. 이 시집의 곳곳에 살아 있는 여행자의 감각은 물질세계가 아닌 마음의 세계, 마음으로 하는 여행에 맞춰져 있다.

    숭어는 맨드라미를 모른다.
    맨드라미는 얼룩말을 모른다.

    얼룩말은 달팽이가 어떻게 호흡하는지
    달팽이는 말의 갈기가 무슨 색인지 모른다.

    그래도 바람의 역사는
    오늘 밤
    회색 굴뚝으로 빠져나가고

    파도는 천년바위에
    거품 같은 알을 낳는다.

    그래서 붉은 새 울 때
    붉은 꽃 피어나고

    에펠탑 아래 두 남녀는
    서로의 속눈썹을 나눠 가진다.

                            ―「영겁회귀」 전문

이 시에서 화자의 시공간 감각은 상식을 초월한다. "서로의 속눈썹을 나눠 가진다."를 기표 그대로 받아들이는 독자는 없겠으나, 이 문장은 속눈썹이라는 기표에 가려진 '입'을 발견해 보도록 요청한다. 입맞춤의 자세를 연상할 수 있다면 이 시에서 그린 사랑의 미시사야말로 광대한 우주적 사건임을 알게 된다. 숭어도, 맨드라미도, 얼룩말도, 달팽이도 인간과의 상호작용에서 이름이 생겼을 뿐 그 속성이 확정되지 않은 개체들이다. 광대한 공간 속의 이름 모를 입자들처럼 제각기 단독자인 자들은 상대에게 타자로 존재한다. 그래서 '나' 아닌 타자를 대상화하는 것을 넘어 상호 작용을 할 때 비로소 '관계'가 형성된다. 상호 작용이 없는 관계에서는 아무 일도 일어나지 않으므로 변심 같은 것을 염려할 이유도 사라진다. 상대를 향한 마음이 불처럼 일어날 때 두려움도 동반하지만 용기를 내어 서로 눈썹을 맞춰야만 그들이 속한 구조가 점진적으로 성장한다. 인간은 마음만이 아닌 물리적 존재로 만나 상호 작용할 때 관계가 성립하고, 여기에서 상대적인 값이 의미 있게 생성된다. 그러므로 속도는 사랑에 빠진 인간이 조절할 수 있는 것이 아니다. 따라서 두 사람이 눈썹을 나눠 가지는 시간을 얼마나 서둘렀는가 하는 문제에는 그 누구도 답을 제시하지 못한다.

칼 세이건이 앤 드루얀을 처음 만났을 때 그녀를 우주적 사건 속에 두었던 것처럼, 위의 시에서 두 남녀의 만남도 역시 그러하다. 광대한 태양계의 '창백한 푸른 점'일 뿐인 지구. 그 지구 위에서 한낱 먼지 같은 인간이 '얽힘'의 사건을 만들어 가고 있다. "붉은 새"가 울면 "붉은 꽃"이 피어나는 것을 자명한 이치로 보는 화엄의 세계가 펼쳐진다. 두 남녀에게 입맞춤은 살기 위한 것이기보다 사랑하므로 가능한 일이다. 이들이 지닌 생명력은 단지 번식만을 전제하지 않는다. 시인이 "바람의 역사"라고 썼다시피 저 생기生氣는 두 생명체가 상호 작용을 하는 중에 피어나는 에너지(=기氣)가 아니던가.

이 같은 관점을 두고 어떤 이는 자연주의라고 나무랄지도 모른다. 하지만 시인은 시종 마음을 전제로 이야기를 풀어낸다. 정처 없는 인간의 정신을 구제하는 건 언제나 마음의 우주였다. K도 그 마음의 길을 따라 여행을 하고 있다. "흐르는 물"이었다가, "물 위를 떠다니는 꽃잎"이었다가, "다시 물 위를 떠다니는 꽃잎"으로 변신하는 심정으로 시시각각 달라지는 세계에 잠겨든다. 여기서 새겨 두어야 할 것은, K의 여행이 단지 삶을 실감하는 차원에 머물지 않는다는 점이다. "뒷마당에 죽은 자들의 집들이 나란하고/ 햇살은 아이들과 뒤섞여 놀고 있다"(「K의 여행」)는 발견에서 보는 것처럼 삶의 접경에 죽음이 있다. K는 타자의 죽음이 자신에게 삶의 실감을 밀어올리는 강렬한 경험을 하는 중이며, 마음의 흐름과 리듬을 따라 이동하면서, 외양으로는 몸이 움직이는 것 같으나 시종 내면의 여행을 하고 있다.

3. 보아도 보이지 않는 세계에서 무엇을 보았는가

이 시집에 빈번히 출현하는 꽃은 그 자체의 의미에 제한을 두기보다 우주적 화엄의 표상으로 보는 편이 좋다. 인간이 관여하는 모든 사건, 마음에서 일어나는 감정을 꽃 이미지로 표현한다. 요컨대 사랑-화엄은 '붉은 꽃'(「영겁회귀」)이 피어나는 열정의 순간으로, 놀이-화엄은 바다분수에서 솟구쳐 오르는 '물꽃'(「바다분수」)을 밟으며 아이들이 즐거이 어울려 노는 모습으로, 추억-화엄(「추억도 꽃이다」)은 먼 기억 속에 묻힌 어떤 이와의 시간 표상이다. 만유 간 관계성을 화엄의 세계로 이야기할 때는 시간과 공간을 매개로 하여 누군가와의 인연을 일깨운다는 의미가 있다. 이렇게 강서일 시는 대립이 없는 관계성이 이 세계를 이해하는 하나의 방식임을 전한다. 아무런 분란도 없이 만유가 평온해 보이는 풍경이 곧 화엄의 세계인 것이다.

필멸의 존재인 인간이 지상에 머무는 일은 아주 짧은 꿈을 꾸는 것에 비견된다. 중력 작용에 따라 별이 은하계를 돌듯이 인간도 상호 작용이라는 그물망 안에서 촘촘하게 관계를 이어간다. 물고기라고 해서 사정이 다르지 않다. 「붕어는 꽃으로」에서 붕어는 어항이라는 우주에서 살다가 죽은 뒤에야 그곳을 벗어난다. 별이 죽은 후에 제자리를 이탈하여 블랙홀이 되는 것처럼, 시인은 물 밖으로 벗어난 붕어가 "푸른 꽃"으로 환생

하리라는 기대를 품어 본다. 새로운 삶이란, 이전 삶의 질서를 가능케 했던 하나의 우주를 벗어나는 일이라는 전제가 이 시에 깔려 있다.

「손바닥의 꽃」에서도 꽃 이미지는 꽃 자체에 갇히지 않는다. 한 사내에게 봄이 오는 느낌을 이렇듯 적절히 표현한 시가 달리 있을까. 여기서 봄은, 사내가 무슨 일을 벌이고야 말 것처럼 위태롭게 하는 계절이다. 사내의 손금을 "손바닥의 꽃"이라 부르는 순간 그 꽃은 금세 "먼 강물"로 바뀐다. 찰나에 움직이는 마음을 이미지로 내걸면 "한 사내의 마른 손바닥"에는 물기가 돌고, 그간에 메말랐던 가슴에도 촉촉하게 물기가 돈다. "희미한 불꽃 같은 것"이 가슴에서 피어나는 것 같은 이때는 삼월. 목련이 꽃봉오리를 터뜨리기 전이지만 사내의 마음은 이미 봄으로 진입해 있다. 얼음을 녹이는 초봄의 기운이 사내의 가슴속에도 흐르는 이 시에서 우리는 또 하나의 견고한 것이 녹아 흐르는 정경을 본다. 그것은 하나의 세계에 갇혀 그것만이 전부인 자에게는 오지 않는 생명의 리듬이자, 별안간 안겨들어 기쁨을 안기는 생명의 다른 이름이다. 알고 보니 그는 "꽃 선생"(「꽃 선생」)이었다. 3천 원짜리 바이올렛 하나를 사다 놓고 꽃이 피기를 눈이 빠지게 기다리는, 순연한 마음의 소지자였다.

강서일 시인은 계량적인 물질 주도의 자본주의 세계관을 탈탈 털어내는 상상을 펼친다. 공간을 본다면서 건물을 보고, 시간을 본다면서 시계를 보는 인간의 내면을 간파하면서 정신(마음)의 문제를 환기한다. 그래서 우리는 시계의 시간을 신뢰하는 나머지 숫자의 노예가 되어 버린 자신을 돌아보게 된다. 보이는 것만 믿고, 보이지 않는 것을 불신하는 인간이 보이지 않는 시간을 기계 속에 가두어 놓은 것이 시계의 시간이다. 해의 기울기, 달 모양의 변화 같은 자연의 움직임을 시계의 톱니로 대체한 것이 우리에게는 시간이라는 무지막지한 위력이다. 아래 시에서는 그러한 인간의 세계에 폭설을 내려 화이트아웃을 경험케 했다는 이야기가 재미를 더한다.

보이지 않는 시간을 보려고
사람들은 시계를 만들었다

보이지 않는 바람의 길을 보려고
늙은 사냥꾼은
순록의 가슴털을 공중에 뿌렸다

사람들은 또 들을 수 없고
맡을 수 없는 것을 맛보기 위해
숫자에게 말하는 법을 가르쳤다

그러자 어느 날

神은

어느 눈 내리는 겨울날

천지를

하얀 천으로 덮어버렸다

　　　　　　　　—「보이지 않는」 전문

  시인은 보이는 것, 들리는 것, 냄새 맡을 수 있는 것을 신뢰하는 인간이 만들어 낸 것에 '숫자'도 있다고 쓴다. 의심할 여지도 없게 오차를 좁혀 가는 기호인 숫자의 위력이 기계와 결합했을 때 인류 조상은 물질주의자가 되었을지도 모른다. 자명한 것을 믿으며 보이지 않는 것을 불신하는 인간에게는 '神'도 예외가 아니다. 그런데 위의 시에서 그 신은 이 세계를 흰 눈으로 덮어 인간을 잠시 맹인으로 만들어 버린다. 오직 숫자로 "말하는 법"을 신뢰하는 인간에게 그것을 보지 못하도록 조치한 이 사태는 "보이지 않는" 것이 도리어 더 많은 것을 볼 수 있게 한다는 메시지를 담고 있다.

  이와 달리「시간 사용법」에서 "내일을 제쳐두고 미끄럼을" 타는 아이들은 마냥 즐거운 놀이에 빠진 채 내일의 일을 염려하지 않는다. "모태 시간 사용법"이라고나 해야 할 아이들의 시간에 개입하는 건 단지 "오늘도 모였다, 흩어"지는 구름뿐. 시간을 따라 변하는 구름은 다툼도 없이 흩어졌다가 모이고,

사라졌다가 나타나는 일을 반복한다. 노자가 말한 쟁爭의 상태, 즉 물의 흐름처럼 자연스럽지 못해서 생기는 '다툼'은 인간의 본성을 자연으로부터 원격화한다. 어른인 화자가 "은행에 몇 장의 지폐를 묻고" 미래를 대비하는 것과 달리 아이들은 오직 시간의 현재성에 몰두하여 천진스럽게 즐거움을 누린다.

   이렇게 시인은 평균화되어 있는 우리의 물질적 사고를 놓고 그 물질의 의미를 다양한 관점에서 되묻는다. 이 세계에 존재하는 것 중 인간의 가시권에 있는 것은 겨우 4퍼센트 정도일 뿐이라는 가설은 우리를 의아하게 한다. 살아오는 동안 너무도 많이 보아 버린 것들이 넘쳐나는데도 여전히 알 수 없는 것들이 많아서 우리는 끝내 무지자의 처지에서 벗어나지 못한다. 일정한 관점을 지니고 대상을 보지 않는다면 그것은 우리가 보아도 보이지 않는다. 제한적인 가시권을 가진 우리는 보아낼 수 없는 대상을 자신의 언어에 실어내는 시인, 보이지 않는 것을 물질화하여 증명하고자 하는 과학자는 우리와 다른 관점의 소지자가 맞다.

   4. 어머니 : 생과 사의 통로

   자아는 타자에 반응할 때 생긴다. 상대역이 없다면 자기 정체성도 알 수 없게 된다. 그래서일까. 강서일은 마주보기 식 세계관을 지닌 시인이다. 어머니를 말하기 위하여 고양이를 상대역으로 세우고, 현자를 말하기 위하여 미성숙한 아이를 세우며, 삶을 말하기 위하여 죽음을 마주 세운다. 요컨대 "어머니가 딸을 낳으시고/ 딸은 또 딸을 낳"는 계보에서 "딸은 또 내일의/ 어머니를 낳"는다는 말은 단지 모계 중심의 혈통을 이야기하려는 의도가 아니다. 이는 어머니라는 "꽃 한 송이"를 시작으로, "너른 꽃밭"(「마트료시카」)의 제유인 이 세계가 누대에 걸쳐 번성해 온 이야기, 인간의 역사가 시작된 시점을 어머니에게서 찾아보려는 시도로 보인다. 장구한 세월에 걸쳐 이어 온 어머니들의 생명력을 꽃 한 송이의 생애로 요약해 보고 있다.

  이 시집의 표제인 "우주의 벌레 구멍"을 어머니와의 연관으로 읽는 이유도 여기에 있다. 시인은 인간 개체에게 필연인 생사의 문제를 웜홀 상상력으로 풀어낸다. 생과 사를 잇는 통로이기도, 생과 사를 가르는 통로이기도, 생과 사를 구분할 수 없는 접경이기도 한 것이 웜홀이다. '우주의 벌레 구멍'은 웜홀을 풀어서 쓴 표현이다. 이 개념은 벌레(worm) 먹은 사과가 파놓은 통로(hole)를 지나면 더 빠르게 반대편으로 갈 수 있다는 가정에서 비롯한다. 아인슈타인이 시간과 공간을 통합하여 시공간 이론을 제시하면서 시공간은 편평하지 않고, 우주 공간은 물질과 에너지에 의해 뒤틀려 있고, 거기에 웜홀이 있다고 보았다. 길이 1km 정도인 이 공간을 통과하면 26광년을 가로지를 수 있으나 문제는 순식간에 만들어졌다가 닫혀버린다는 점이다.

>20년 만에 거처를 옮겼다
>내 몸을 기억하는 가구를 버리고
>정신을 갉아먹던 글자들을 버리고
>어머니의 마지막 안방도 고이 두고 왔다
>
>그래도 태우지 못한 활자들
>책장에 던져두고 휘, 한 번 둘러보니
>새소리는 어디선가 들은 듯했고
>대리석 기둥은 미련해 보였다
>
>쥐똥나무 울타리 옆
>모과나무는 몇 그루 있었으나
>사과나무는 없었고
>벌레 먹은 낙과 한 알 보이지 않았다
>
>우주의 벌레 구멍을 찾아
>먼 곳으로 자리를 옮겼으나
>기억 저편의 발걸음은 아직도
>어머니의 묵은 꽃자리에 가 있다
>―「이사」 전문

화자는 이사를 하면서 버리고 온 물건들과 책, 어머니가 마지막으로 기거했던 방을 떠올리고 있거나, 다시 그 집을 찾아가 본 것 같다. 글자와 활자에 매인 삶에서 해방된 것 같으나 정작 일부의 해방인 듯 보이고, 자신이 한 집안의 기둥임을 자처해 온 생애도 어쩐지 미련하게만 자각된다. 온갖 회한이 스치지만 여전히 그를 강하게 붙들고 있는 건 "어머니의 묵은 꽃자리"로 향하는 마음이다. 불현듯 우주의 벌레 구멍과 이 꽃자리가 동일한 통로라는 인식에 붙들려 '이사'가 바로 그 통로의 이쪽과 저쪽 끝에서 일어나는 일이라고 생각하게 된 것은 아닐까.

레비나스도 썼듯이 "죽음 속에는 모성적 요소를 향한 복귀"(에마뉘엘 레비나스, 김도형 외 역, 『신, 죽음 그리고 시간』)의 관념이 있다. 강서일 시인이 세심하게 사유하고 있듯이, 어머니가 딸을 낳아 미래의 어머니를 만드는 일을 탄생이라 한다면, 어머니가 당신의 묵은 꽃자리로 돌아가는 일은 죽음이라 해야 할 테다. 애초에 화자는 어머니의 꽃자리에서 떨어져 나와 이-세계로 이사를 왔으나, 어머니를 보낸 뒤에야 당신이 저-세계로 이사했음을 절감한다. 어머니는 다시 오지 못할 세계로 가셨고, 어머니의 몸을 빌려 생명을 얻은 화자는 이-세계에 있다. 그러므로 이 시에서 웜홀은, 생과 사의 접경을 이루는 구멍으로서 이것이 결국에 공쏘임을 시사하는 면이 있다.

지금까지 본 것처럼, 모든 무거움을 해체하는 감각으로 쓴 강서일의 시는 형식부터 간결하다. 내면을 향하여 넓어지는 시인의 정신을 '마음'이라 할 때, 그 깊이와 넓이를 우리가 다 감당하지 못할 정도다. 그의 시는 내면으로의 도피도 회피도 아니며, 무위자연을 지향하는 마음을 겸허히 담아낸다. 이후에도 더욱 깊어지고 넓어질 강서일 시인의 시 세계를 기대해 본다. 건강한 마음과 더불어 활기차게 영위할 이후의 나날에도 여전히 '꽃 선생'의 풍모를 유지하시기를 바란다.

| 강서일 |

고려대학교 교육대학원(영어) 졸업. 1991년 『자유문학』에서 시로, 『문학과의식』에서 평론으로 등단했다. 시집 『쓸쓸한 칼국수』 『사막을 추억함』 『카뮈의 헌사』 『고양이 액체설』 『일주일의 연애』(시선집) 『우주의 벌레 구멍』과 번역서 『첫사랑 피카소』 『비틀즈 시집』 『대화의 신』 등이 있으며, 자유문학상, 한국시문학상, 미당시맥상을 수상했다. 국제펜한국본부 이사이며, 여주대학교 겸임교수를 역임했다.

이메일 : kwkang2014@naver.com

현대시 기획선 130
우주의 벌레 구멍

초판 인쇄 · 2025년 7월 20일
초판 발행 · 2025년 7월 25일
지은이 · 강서일
펴낸이 · 이선희
펴낸곳 · 한국문연
서울 서대문구 증가로29길 12-27, 101호
출판등록 1988년 3월 3일 제3-188호
편집실 | 서울 서대문구 증가로31길 39, 202호
대표전화 302-2717 | 팩스 · 6442-6053
디지털 현대시 www.koreapoem.co.kr
이메일 koreapoem@hanmail.net

ⓒ 강서일 2025
ISBN 978-89-6104-390-8 03810

값 12,000원

* 잘못된 책은 바꾸어 드립니다.